Christina van Straaten

Wassermann

Liebe, Lust & Partnerschaft

Inhalt

1. Astro-Profil
Die Sterne stellen vor:
Der Wassermann

Sein Element ist die Luft. Und das bedeutet nicht nur einen starken Drang nach Unabhängigkeit. Sondern auch Beweglichkeit, Neugier, eine Welt voller Kreativität.

Sein Planet ist Uranus, der Aufmüpfige, der Querdenker, der Exzentriker unter den Planeten am Sternenhimmel.

Sein Weg ist sein Ziel. Leben bedeutet für ihn, zu neuen Ufern aufzubrechen. Darum ist er immer on the road …

Die Grundfärbung der Wassermann-Seele

Wenn die Sonne das Zeichen des Wassermannes durchquert, herrscht in unseren Breitengraden noch tiefer Winter. Doch nach dem dunklen, kargen, von eisigen Stürmen geprägten Steinbock-Winter taucht am Horizont bereits vage die Utopie des Frühlings auf. Das Leben kehrt in die Welt zurück und wehrt sich gegen Kälte und Düsternis. Kein Zufall, dass die Menschen seit alters her zu Wassermannzeiten Feste feiern, um die Geister der Dunkelheit zu vertreiben.

Der Wassermann verbreitet Aufbruchstimmung. Und mehr noch: er setzt ganz direkt etwas in Bewegung, auf dass die Zukunft nicht für immer Utopie bleibe. Zum Verständnis der Astro-Energie dieses Zeichens ist es interessant zu wissen, dass die Symbolik der Stern-

10

deutungskunst aus Kulturen stammt, für die der Februar die Zeit der großen, fruchtbarkeitsfördernden Überschwemmungen war – den Sumerern im Zweistromland zwischen Euphrat und Tigris, und den Ägyptern, die den Nil als lebensspendende Gottheit verehrten.

Zusammen mit Steinbock und Widder bildet der Wassermann im Tierkreis das Trio der von Energie nur so berstenden Zeichen, die mit ihrer enormen Power Dinge in Bewegung setzen. Doch während die beiden anderen oft nur unter Kämpfen, Qualen, Zweifeln und Anstrengungen vorwärtskommen, ist Aquarius ein energetischer Überflieger. Er kann sich so begeistern, dass er jedes Hindernis nimmt, bevor er es überhaupt bemerkt hat.

Der Wassermann und seine Aufgabe im Leben

Entgegen einer weit verbreiteten Meinung ist Aquarius kein Bewohner des Wasserelementes, und somit kein Wesen, das die Welt vor allem durch Gefühle erlebt. Sein astrologisches Zuhause ist die Luft – das Reich des Geistes, der Ideen, des Austausches von Gedanken und Meinungen. Ein bewegliches, schnelles Element, geprägt von dem unermüdlichen Streben, in alle Sphären des Daseins vorzudringen.

Alle Luftwesen des Tierkreises stehen im Zeichen der Kommunikation. Dem Wassermann reicht die Rolle des Beobachters, Sammlers und Verwerters von Eindrücken nicht. Er will daraus etwas Neues machen. Die Wassermann-Luft steht unter elektrischer Hochspannung. Sie schreit geradezu nach entladenden Taten.

Wassermänner brauchen Projekte, die ihrer Energie eine Richtung geben. Sehr häufig haben diese Projek-

te mit Beruf, oder vielleicht besser, mit einer „Berufung"
zu tun. Manche lenken ihre Energieströme auch vor-
nehmlich in private Projekte, doch hat so manche wassermännische Berufung als „Freizeitidee" begonnen.
Egal ob beruflich oder privat, grundsätzlich gilt für Was-
sermann-Projekte, dass sie nicht unbedingt auf das Erreichen konkreter Ziele gepolt sind. Was für einen Wassermann zählt ist, in Bewegung zu sein, um bestimmte
Vorstellungen zu verwirklichen. Der Weg ist schon ein
Teil des Ziels – vielleicht sogar der spannendste. Die
Aquarius-Aufgabe im Tierkreis ist die Rolle des Vor-
denkers und Utopisten.

Wassermann-Maxime 3:
Was einmal fertig und zu
Ende gedacht ist, interes-
siert den Wassermann
nicht mehr sonderlich.

In traditionellen Darstellungen dieses Zeichens ver-
gießt eine Gestalt Wasser aus einem Krug. Das ist auch
ein Symbol für die „Wasser der Erkenntnis". Die Grie-
chen verbanden mit Aquarius den Mythos von Prometheus – ein Titan, der den Göttern das Feuer stahl, um
es den Menschen zu geben, und damit den Prozess der
Zivilisation einläutete. Und irgendwie zieht es alle Wassermänner zu „höheren" Ebenen. Sie betrachten das
Treiben der Welt von einem übergeordneten Standpunkt.

Der Wassermann und seine Gefühle

Auf den ersten Blick wirken Wassermänner und -frauen
absolut unkompliziert. Sie sind spontan und witzig, un-
verkrampft, offen, brillante Unterhalter, die jeden aus
seinem Stimmungstief holen. Echte Kumpel eben, mit
denen man sich sofort vertraut fühlt. Das ist jedoch ein
trügerisches Gefühl. Auch wenn man sein halbes Leben
mit einem Wassermann verbringt, wird man sein emo-
tionales Strickmuster vermutlich nie ganz begreifen. Er
selbst allerdings auch nicht.

Oder vielmehr – Wassermänner wollen es auch gar nicht so genau wissen. Zwei Seelen, oder, besser gesagt, zwei planetarische Herrscher, wohnen in ihrer Brust. Da ist zum einem Saturn: er verlangt Kontinuität und Disziplin. Damit liegt er im Dauerclinch mit Uranus, dem anderen und eigentlich dominierenden Wassermann-Herrscher. Der ist ein Freigeist, und der große Exzentriker am Planetenhimmel, ein intellektueller Feuerwerker und Ideenzündler, dem es Spaß macht, auf einen Schlag über den Haufen zu werfen, was über Generationen sorgsam fest gefügt wurde – nicht aus Lust an der Zerstörung, sondern um Platz für Neues zu schaffen. Beider Aufeinandertreffen hat Folgen: Erstens kann man in Wassermann-Persönlichkeiten unter der Oberfläche manchen überraschenden Bruch entdecken, und zweitens produziert es zwei „Sorten" Wassermann. Die Saturndominierten sind meist ausgesprochene Power-Typen und gehen konsequent ihren Lebensweg. Uranus entfaltet sich bei ihnen eher unter der Oberfläche – nach außen wirken sie schließlich fast wie verlässliche, wenn auch ungewöhnlich kontaktfreudige Steinböcke. Die von Uranus geprägten Wassermänner sind schon auf den ersten Blick und in jeder Hinsicht extrem umtriebig. Ihre Persönlichkeit hat etwas von ununterbrochenem Feuerwerk, Impulse, die sich in unerwarteten Handlungsexplosionen entladen. Es fehlt ihnen aber manchmal die Ausdauer, um eine Sache lange durchzuziehen.

Was beide Typen vereint: Sie schaffen es nicht, mehr als eine Stunde gar nichts zu tun. Das allerschlimmste, was man einem Wassermann antun kann, ist, ihn eine

Uranus will keine seelische Nabelschau, sondern Taten, will freie Bewegung, will jede Mauer einreißen, die im Weg steht. Saturn zwingt nach innen, zur Auseinandersetzung mit den eigenen Wurzeln, zum Ringen mit dem kleinen, eigennützigen Ich.

Woche lang allein über sich nachdenken zu lassen. Das erträgt er einfach nicht, denn das konfrontiert ihn mit der Frage, wer er eigentlich ist.

Wassermann on the Job

Viele Vertreter dieses Zeichens sind bekennende Arbeitssüchtige. Beruf hat für sie wenig zu tun mit Acht-stunden-Job, denn hier bringen sie ihren Anteil an den Wassern der Erkenntnis unter die Menschheit. Ein Wassermann genießt es, sein Kommunikationstalent einzusetzen, um Dinge in Bewegung zu bringen, Probleme aus dem Weg zu räumen, Konflikte zu entschärfen oder öffentlich zu machen. Telefone klingeln im Zwei-Minuten-Takt, wenn ein Vertreter dieses Zeichens in der Nähe ist – es gibt eben immer irgendetwas Wichtiges mitzuteilen.

Wassermänner haben alle Anlagen für eine steile Karriere. Nur ist ihr Unabhängigkeitsstreben oft zu ausgeprägt, um mit dem Strom nach oben zu schwimmen.

Typische Wassermann-Reviere: grundsätzlich überall da, wo unabhängiges Arbeiten oder eine Sonderstellung möglich ist. Zum Beispiel: ein exponierter Platz in den Medien – wie etwa vor der Kamera, oder auf dem Sessel eines leitenden Redakteurs bei einem Zeitgeist-Magazin; bei Film und Bühne der Regiestuhl; die Forschungsabteilung eines Unternehmens, das Zukunftstechnologien entwickelt; die Luft im wahrsten Sinne des Wortes – z.B. Pilotenplatz im Jumbo-Jet.

Wassermänner sind oft genaue Beobachter der menschlichen Psyche – aber eher auf überhöhter Ebene: als Schriftsteller, Schauspieler, Regisseur, Psychologe oder Philosoph. Das ist die große Kunstform der Wassermann-struktur.

14

Forever Young –
Der männliche Wassermann

Der griechische Göttervater Zeus war bekanntlich kein Kostverächter. Eines Tages nun fiel sein unersättliches Auge auf einen Knaben, Ganymedes mit Namen. Der entzückte ihn so, dass er ihn vom Platz weg als Mundschenk der olympischen Hausbar verpflichtete, an der die Götter Unsterblichkeit schlürften. Sehr zum Verdruss seiner Gattin Hera. So machtlos wie angesichts der Anziehungskraft unter Männern war sie noch nie; sie muβte zuschauen, wie Zeus dem angebeteten Jüngling ein eigenes Sternbild am Himmel spendierte – den Wassermann nämlich.

Der Wassermann zählt zu den ältesten Sternbildern. Sobald der Wassermann mit der Sonne aufgeht, beginnt die Regenzeit.

Die erwähnte Geschichte von Prometheus ist sozusagen der Mainstream griechischer Astro-Mythologie. Ganymedes ist ein Schnörkel am Rande. Nicht, dass Wassermann-Männer nun grundsätzlich homo- oder bisexuell wären. Es ist vielmehr so, dass die Grundeigenschaften dieses Zeichens androgyn sind. Das was-

sermännische Leben spielt auf der geistig intellektuellen Ebene des Daseins – einem Bereich, der geschlechtsneutral ist. Männliche wie weibliche Wassermänner passen darum oft nicht in traditionelle Rollenmuster. Sie versuchen nichts weiter, als sie selbst zu sein, ganz unabhängig davon, wie der Mann oder die Frau an sich sein sollten.

Doch die Ganymed-Story nennt schon ein paar Eckpfeiler, die typisch männlicher Wassermann sind. Erstens: Dieser Typ kann absolut hinreißend sein, und er spielt auch gern mit seiner Anziehungskraft. Zweitens: Er hat die Ausstrahlung von Jungenhaftigkeit, egal, ob er nun zwanzig, dreißig oder sechzig ist. Drittens: Die klassischen Waffen einer Frau, Tricks, Tränen und Gefühlsterror, ziehen bei ihm überhaupt nicht. Und viertens: Dieser Mann hat auch ganz ohne homoerotische Anteile enge männliche Freundschaften, die ihm sehr viel bedeuten.

Wassermann-Männer schauen sich das Revierverhalten vieler Geschlechtsgenossen mit überlegenem Grinsen an. Mit Balz-, Macht- und Rivalitätskämpfen geben sie sich nicht ab. Soll heißen: ein männlicher Wassermann, der sich von jemandem unterdrückt fühlt – sei es Vater, Mutter, Chef, Gesellschaft, oder aber zum Beispiel eine Frau, die ihm seelisch zu nah auf die Pelle rückt – der martert sich nicht ewig die Seele wund. Er schmeißt die Brocken hin und wendet sich anderen Dingen zu.

Der männliche Wassermann kämpft nicht gegen etwas, sondern für sich und für das, was ihm wichtig ist – in aller Regel also zunächst für seine Freiheit und seine innere und äußere Unabhängigkeit.

17

Philosophin der Befreiung –
Die Wassermann-Frau

Aquarius hütet Ideen wie die der Selbstverwirklichung und der Emanzipation von einschränkenden Regeln. Das lässt natürlich vermuten, weibliche Wassermänner seien die ganz großen Vorkämpferinnen der Frauen-emanzipation. Stimmt aber so nicht. Dazu sind weibliche Widder, Schützen oder Steinböcke sehr viel besser geeignet. Im Denken einer Wassermann-Frau kommen klassische Rollen-Antagonismen wie „Wir Frauen hier unten" und „Ihr Machos da oben" einfach nicht vor. Sie *ist* emanzipiert, und das in jeder Hinsicht. Das Wichtigste im Leben ist für sie ihre innere Unabhängigkeit. Sie versucht, genau den Weg zu gehen, der ihr Spaß macht. Und Spaß auf wassermännisch hat zu tun mit geistiger Freiheit, mit „sich im Kopf nicht verbiegen müssen".

Die Gedankenwelt keiner anderen Sternzeichenfrau ist der von Männern so ähnlich wie die der weiblichen Wassermänner.

Wenn ein weiblicher Wassermann etwas hasst, dann sind es Geschlechtsgenossinnen, die a) ewig über das Handicap lamentieren, eine Frau zu sein und/oder

18

b) mit weiblichen Schwächen kokettieren, um im Job oder sonstwo im Leben irgendetwas zu erreichen. Das hat unter anderem auch damit zu tun, dass viele weibliche Wassermänner den für ihre Persönlichkeit vielleicht prägendsten Kampf um innere Unabhängigkeit mit ihrer Mutter ausfechten. „Bloß nicht so werden wie die" – das ist zwar ein Satz, der fast allen Teenie-Mädchen im Kopf herumspukt, für junge Wassermann-Damen aber hat er eine ganz besondere Bedeutung. Eine Mutter, die immer mal wieder den unterschwelligen Vorwurf in die Familienrunde wirft, sie habe auf so viel verzichtet zum Wohle der Lieben, und nun danke es ihr niemand, bedeutet für ein Wassermann-Mädchen eine doppelte Provokation. Mutti symbolisiert einen Aspekt

Weibliche Wassermänner folgen ihrer Idee davon, was sie vom Leben wollen. Und das spielt sich nicht zu Hause im Wohnzimmer oder am Herd ab.

Astro-Hotline:
12 Fragen an den Wassermann und 12 mögliche Antworten

Mein Motto Alles geht, wenn man nicht locker lässt, es zu versuchen.

Mein Ziel Mir im Leben treu zu bleiben, so dass ich morgens noch in den Spiegel schauen kann.

Meine Feinde … können mir gestohlen bleiben.

Meine Freunde … sind Menschen, mit denen ich streiten und lachen und diskutieren und feiern kann – und für mich unverzichtbar.

Leute mögen mich … weil ich offen und geradeheraus bin.

Leute hassen mich … weil ich auch offen und geradeheraus bin, wenn ich jemanden für einen Idioten halte.

An anderen schätze ich … wenn sie den Mut haben, ihre Meinung zu sagen und dazu auch stehen.

Meine größte Stärke? Ich habe keine Angst vor schwierigen Situationen.

Meine größte Schwäche? Ich bin sehr ungeduldig, und manchmal vielleicht etwas sprunghaft, wenn etwas nicht so klappt, wie ich will.

Als Tier wäre ich … ein Zugvogel, überall und nirgends zu Hause. Oder einer von den Vögeln, die elegant ganz oben am Himmel kreisen, eine Möwe oder ein Albatros.

Als Pflanze wäre ich … ein schlanker, in die Höhe strebender Baum wie die Pappel. Oder eine exotische Ranke, Clematis zum Beispiel, die an allen Materialien hochklettert, und sie verzaubert.

Als Farbe wäre ich … ein irisierendes Kobaltblau oder ein metallisch schimmerndes Blaugrün.

von Frau-Sein, den die Tochter verachtet. Zum anderen versucht sie, ihren Sprössling damit auf Dankeskurs zu bringen. Und somit zu einem Wohlverhalten, das jedem Wassermann schon aus Prinzip zuwider ist.

Kein Zufall also, dass Wassermann-Frauen oft „Vatertöchter" sind. Als Mädchen Daddys Vertraute, mit der er diskutierte, lachte, auch mal stritt – und sich über die Launen der ihm angetrauten Gattin aufregte. Als erwachsene Frau stark, selbstsicher, unprätentiös – und geprägt von der Erfahrung, dass Männer und Frauen duchaus in der Lage sind, auf gleichberechtigter Ebene locker miteinander umzugehen.

Nach ihrem 12-Stunden-Power-Tag vermisst es die Wassermann-Frau durchaus nicht, sich an eine starke männliche Schulter anzulehnen.

Sie ist nicht die Frau, die sehnsuchtsvoll leuchtende Augen bekommt, wenn ihr irgendeine Freundin ein Baby unter die Nase hält. Und es bereitet ihr absolut keine Befriedigung, einen Mann mit einem wunderbaren Menü zu verwöhnen. Die impulsive Umtriebigkeit ihres Zeichens treibt Wassermann-Frauen so weit wie nur irgend möglich fort vom heimischen Herd.

2. Analyse: Eine Wassermann-Lovestory

Wassermänner leben über den Kopf. Und den haben sie voll mit Ideen und Plänen. Irgendwo ist da auch die Idee von Liebe. Die gehört für sie aber nicht unbedingt zu den wichtigsten im Leben. Egal ob männlich oder weiblich – ein Wassermann braucht nicht zwingend eine Beziehung, um glücklich zu sein. Das Wassermann-Beziehungsideal ist das der freundschaftlichen Liebe – eine Liebe auf der Grundlage geistiger Übereinstimmung und gemeinsamer Lebensthemen.

Die Wassermann-Frau

Warum fällt sie einem Mann auf?
Ob auf der Fete oder im Büro – irgendwie sammeln sich um sie herum immer die sympathischsten Leute. Sie lacht viel und gern, ihre Augen strahlen positive Stimmung aus, auch wenn sie überzeugend verkündet, dass sie mal wieder völlig gestresst sei. Was man sehr schnell merkt: sie ist alles andere als eine oberflächliche Plaudertasche. Diese Frau hat so einiges auf dem Kasten. Und sie ist eine Meisterin des ironischen Gefrotzels. Eine echte Herausforderung, mit ihr intellektuell die Klinge zu kreuzen. Ihre Schlagfertigkeit ist absolut hinreißend.

Was zieht sie auf Anhieb an ihm an?
Zuallererst Humor und Geist. Und er sollte eine gewisse Lässigkeit im Umgang mit Menschen draufhaben – ein Mann, der unbeholfen herumsteht, weckt bei ihr eher Mitleid als Interesse. Abgesehen davon fasziniert sie alles, was sie noch nicht kennt. Ein ungewöhnlicher Beruf. Ein extravagantes Hobby. Eine originelle Idee. Auch eine familiäre und/oder kulturelle Herkunft, die so ganz anders ist als ihre eigene, findet sie ziemlich spannend.

Was will sie zuerst über ihn wissen?
Ob er in der Lage ist, sie mit intelligenten Anregungen zu beliefern. Sie ist entzückt, wenn er auf eine ihrer lässigen Bemerkung noch eine Drehung draufsetzen kann. Im Hintergrund schwingt bei diesen Spielchen etwas mit, was ihr selbst meist nicht bewusst ist: Im Prinzip ist sie auf der Suche nach einem Helden. Natürlich nicht, um sich bei ihm anzulehnen. Sie will sich geistig aufgehoben und verstanden fühlen. Dazu braucht sie jemandem, der genauso stark und unabhängig ist wie sie.

Er wird ihr Lieblings-Frotzel-Partner. Und ziemlich schnell entwickeln sich daraus intensive Gespräche. Sie erzählt zwar immer gern von ihren diversen Aktivitäten, und das klingt häufig, als wolle sie zum Gagschreiber für irgendeine Daily-Soap im Fernsehen avancieren. Doch es lohnt sich, bei ihr auf die Untertöne achten. Je öfter sie einen ernsten Satz einfließen lässt, desto wichtiger ist es ihr, dass der Gesprächspartner versteht, worum es ihr geht. Sie signalisiert ihm durch die Heiterkeit hindurch, dass sie auch eine andere Seite hat. Und das will bei ihr, der es sonst egal ist, was andere von ihr denken, sehr viel heißen.

Wie zeigt sie, dass sie Interesse hat?

Sie liebt es, mit Worten Pingpong zu spielen, mit Flapsigkeit Distanz zu schaffen, und dann wieder ganz vertraut zu sein. Der Mann, der dabei mithalten kann, hat bei ihr schon mal einen Stein im Brett. Wenn er dann noch an ihre Neugier appelliert, und sie zu etwas Ungewöhnlichem einlädt – Motto „Picknick auf dem Tretboot nachts um drei" –, macht er die entscheidenden Pluspunkte. Genialer Schachzug: das Ganze noch mit einem dezenten Kompliment für ihre Exzentrik verbinden.

Wie hilft man ihr, falls nötig, auf die Sprünge?

Mit der vorgefertigten Standard-Anmache Marke „Gehen wir bei mir noch 'nen Kaffee trinken?" Alles, was sie sofort durchschaut, findet sie gähnend langweilig. Noch fataler: emotional überschwengliche Liebeserklärungen. Die sind ihr peinlich.

Und wie kriegt man sie ganz bestimmt nicht rum?

Sie strahlt wie ein Kind bei der Weihnachtsbescherung. Verliebtheit regt bei ihr ganz besonders ihre ausgeprägte spielerische Ader an. Sie kann mitreißend quirlig sein, schleppt das Objekt ihrer Begierde mit zu allen möglichen Aktivitäten. Auf dem Jahrmarkt Achterbahn fahren. Eine ganze Nacht lang auf Piste abhotten.

Wie ist sie, wenn sie sich verliebt hat?

25

Morgens um fünf am Fluss den Sonnenaufgang anzuschauen. Das ist ihre Art, eine Liebeserklärung zu machen. Deutlicher wird er es von ihr kaum hören; denn so wendig und geschickt sie auch sonst mit Worten ist – wenn es „nur" um Gefühle geht, fühlt sie sich unsicher.

Wann ist auf einen Schlag alles vorbei, bevor es richtig angefangen hat?

Wenn sie im angeregtesten Gepräch in der Kneipe noch ein Glas Wein bestellt und er vorwurfsvoll sagt „Aber das ist ja schon dein drittes …" Oder wenn er am zweiten Wochenende bemerkt. „Müssen wir denn schon wieder deine Freunde treffen? Ich möchte dich doch ganz für mich haben …"

Die erste Nacht mit ihr …

… entwickelt sich eher nebenbei. Sie hat es nicht mit weihevoller Hingabe bei Kerzenschein à la „Ich schenke mich dir". Und sie kann es schon gar nicht ab, wenn ein Mann ihr dampfende Begierde signalisiert. Sie braucht das Gefühl, frei in ihrer Entscheidung zu sein, jetzt in diesem Augenblick mit ihm ins Bett zu gehen – oder es zu lassen. Es sind manchmal Zufälle, die ihrer Erregungskurve den entscheidenden Thrill versetzen. Ein Regenguss, der beide bis auf die Haut durchnässt hat, und er flucht, weil sein Adressbuch in der Jackentasche unlesbar geworden ist, zum Beispiel …

Was ist an ihr so faszinierend?

Ihre unbändige Lebenslust, die sich von Rück- und Fehlschlägen nicht wegdrücken lässt – und auch den Partner mit ansteckt. Ihr Humor, der immer für eine Überraschung gut ist. Und ihre manchmal fast rührende Unfähigkeit, sich zu verstellen.

Was ist ihr Ideal von Beziehung?

Zwei Menschen, die zusammen sind, weil sie einander etwas zu sagen haben. Die sich gegenseitig unterstützen und aufbauen. Die aber nicht voneinander abhängig sind, denn jeder hat sein eigenes Leben.

… ist aus ihrer Sicht niemals ein endgültiger, darum macht sie auch nicht besonders viel Aufhebens davon. Ihre Einstellung: wenn es sich so ergibt, dass man doch meist zusammen ist, kann man auch eine gemeinsame Wohnung suchen … Doch „für immer" kommt in ihrem Beziehungsvokabular nicht vor. Was nicht heißt, dass es sich nicht doch „ergeben" könnte. Wassermänner beiderlei Geschlechts können durchaus dauerhafte Partnerschaften eingehen. Aber nur, wenn der Partner nicht ständig auf dauerhafte Verbindlichkeiten pocht.

Der Schritt zur gemeinsamen Zukunft …

Da ist sie sehr zurückhaltend. Der Trauschein hat für sie rein gar nichts mit der Qualität einer Beziehung zu tun. Wenn sie heiratet, dann oft aus einem sehr wassermännischen Impuls heraus. Motto: Mal gucken, was dann passiert … Dies allerdings niemals in romantischer Verklärung der ersten Verliebtheit, sondern nach Jahren des Zusammenlebens, wenn sie sicher ist, dass der Mann an ihrer Seite auch als Ehemann nicht von ihr erwartet, dass sie ihn bekocht und umhegt.

Ihre Einstellung zur Ehe?

Ihr ist klar, dass ein Baby ihre Unabhängigkeit gravierend einschränkt. Darum lässt sie sich nicht leichtfertig darauf ein. Möglich, dass sie den Zeitpunkt für ein Kind niemals als gekommen sieht. Wenn doch, dann vor allem, weil es ein Aufbruch zu neuen Ufern ist. Es ist für sie eine spannende Erfahrung, mitzuerleben, wie so ein Winzling die Welt entdeckt. Sie gibt ihm viel Freiraum dafür, ermuntert ihre Kinder, wo sie nur kann, selbstbestimmt und neugierig zu sein. Was das heißt, lebt sie ihnen nicht zuletzt durch ihr eigenes Beispiel vor. Sie ist nicht die Frau, die ihr gesamtes eigenes Leben zurückstellt, bis der Nachwuchs „groß" ist. Für sie ist es kein unvereinbarer Gegensatz, eine gute Mutter und gut im Job zu sein.

Was bedeutet es ihr, Mutter zu werden?

Aus welcher Ecke kommen im Zusammenleben mit ihr die ersten Schatten?

Die Beziehung wird bei ihr niemals das einzig wichtige Thema im Leben sein. Und sie erwartet auch von ihrem Partner nicht, dass er sich ausschließlich auf sie konzentriert. Im Gegenteil: wenn er das tut, nervt es sie außerordentlich. Was sie sich in einer Partnerschaft wünscht, ist intellektueller Austausch, ist ein Feuerwerk von gegenseitigen Anregungen. Für sie ist es zum Beispiel selbstverständlich, dass sich jeder, wann er will, mit Freunden trifft – und zwar, ohne das dem Partner zwei Wochen vorher ankündigen zu müssen. Für sie ist es auch selbstverständich, als Paar offene Türen für Gäste zu haben. Bei der Vorstellung, jedes Wochenende zu zweit vorm knisternden Kaminfeuer zu verbringen, bekommt sie Erstickungsanfälle.

Wie reagiert sie auf Stress in der Partnerschaft?

Es widerspricht ihrer Natur, Frustgefühle runterzuschlucken. Sie versucht, die Situation, die sie stört, zu verändern. Wobei sie sich über viele Kleinigkeiten, die in anderen Beziehungen gelegentlich in wütende Grabenkämpfe ausarten, gar nicht erst aufregt. Auf die offen gelassene Zahnpastatube schraubt sie den Deckel drauf – und fertig. Kommt der Partner später als angekündigt nach Hause – okay, das passiert bei ihr auch immer mal wieder. Wenn sie sich ernsthaft über etwas aufregt, hat es häufig damit zu tun, dass sie sich eingeschränkt, kontrolliert, bevormundet, vereinnahmt fühlt. Sie kann stundenlang diskutieren, um ihren Standpunkt klarzumachen. Es ist ihr wichtig, dass er begreift, worum es ihr geht. Ein großer Spielraum für Kompromisse ist aber nicht drin. Wenn sie gar keine andere Möglichkeit sieht, bringt sie nach dreistündiger Debatte den wassermännischen Vorschlag: „Wir sollten uns beide mehr eigenen Raum geben. Du nimmst das Wohnzimmer als dein Reich. Und ich stelle mir einen Schreibtisch ins Schlafzimmer …"

Ihre Unabhängigkeit geht ihr über alles. Klarer Fall, dass sie die Vorstellung als Alptraum empfindet, finanziell von einem Mann abhängig zu sein. Muss sie auch in aller Regel nicht, da sie einen Beruf hat – und selbstverständlich ein eigenes Konto. Sie hockt aber nicht auf ihrem Geld, sondern genießt es, sich gelegentlich etwas zu gönnen.

Thema Geld – wie hält sie es damit im Zusammenleben?

Treue kann sie sich nur als freiwilliges Zugeständnis vorstellen, als unausgesprochene Übereinkunft, die Gemeinsamkeit nicht leichtfertig aufs Spiel zu setzen. Sich Kicks über heimliche Affären zu holen, findet sie irgendwie albern. Wenn sie sich ernsthaft für einen anderen interessiert, kann sie in der Beziehung ohnehin nicht einfach weitermachen, als wäre nichts.

Was bedeutet ihr Treue in der Beziehung?

Ihr Motto: „Was ich nicht weiß, macht mich nicht heiß". Die geistige Ebene in der Beziehung ist ihr wichtig. Wenn er ihr da untreu wird, dann tut ihr das weh. Doch es ist ihr durchaus möglich, drei Jahre lang wegen des Jobs eine Wochenend-Beziehung zu führen, ohne sich das Hirn zu zermartern, ob er wohl …

Ist sie eifersüchtig?

Wenn er einfach nicht kapiert, dass sie eine eigenständige Person ist mit eigenen Ambitionen, eigenen Idealen, eigenen Ideen. Sie will nicht wie ein Anhängsel behandelt werden. Das betrachtet sie als Verrat, den sie niemals vergeben kann.

Was verletzt sie in der Beziehung am allermeisten?

Sie macht eine frustrierende Beziehung nicht lange mit. Darum neigt sie nicht zu verzweifelt bösartigen Attacken. Ohne es zu wollen, kann sie aber durchaus verletzend sein. Wenn es für sie vorbei ist, ist es vorbei. Und der Partner ist dann nur noch so was wie eine Schachfigur – ein Bauer, der vom Brett genommen wird.

Und wie fies kann sie selbst sein?

Wie macht sie Schluss? Grundsätzlich werden Wassermänner nicht verlassen. Sie sind es, die gehen. Oft ziemlich spontan, fast immer endgültig. Es gibt allerdings eine typisch weibliche Schlussstrich-Variante: So manche Wassermännin lässt verlassen! Das tut sie nicht immer bewusst. Aber sie arrangiert schon recht gezielt Situationen, die ihrem Partner das Weggehen leicht machen. Sei es, dass sie doch für ein Jahr den Job in Amerika annimmt, der ihr eigentlich nicht wichtig ist. Sei es, dass sie ihn überredet, an seine Dienstreise mit einer gemeinsamen Freundin den von dieser vorgeschlagenen Kurzurlaub dranzuhängen. Damit befriedigt sie Uranus, der immer gern guckt, was passiert. Und muss ihre Wassermannseele nicht quälen mit Fragen danach, warum sie es jetzt nicht mehr in der Beziehung aushält …

W A N T E D

Wassermann-Frau sucht ... Mann, der Gaultier nicht für einen Vierbeiner im Ruhestand hält, dem zum Thema Kohl noch was anderes als Kümmel einfällt, und der sich auch sonst zu helfen weiß,

zum ... Abheben, die Welt aus den Angeln heben; um einen zu heben – wenn uns nicht noch was anderes einfällt.

Bin ... ein Kumpel zum Pferdestehlen. Und ich weiß auch, wo man die Viecher findet. Ehrlich!

Biete ... jede Menge Abwechslung, Gespräche, einen Riecher für tolle Kneipen und ab und zu mal 'ne Tomatensuppe.

Eigenarten: Kann mir nie merken, wo der Dosenöffner liegt.

Der Wassermann-Mann

Weil er der Typ in Jeans und Lederjacke unter lauter Anzugträgern ist. Weil er auf der Fete leise grinsend an der Wand lehnt, das Treiben beobachtet, und dabei keine Sekunde lang den Eindruck erweckt, am Rande zu stehen. Weil sie denkt „na, so ein Selbstdarsteller", und dann feststellt, dass er aufmerksam zuhören kann. Dieser Mann ist nicht nur anders als die anderen. Er ist auf den zweiten Blick auch anders, als er auf den ersten wirkt. Und es macht ihm offensichtlich Vergnügen, die Leute damit zu irritieren.

Warum fällt er einer Frau auf?

Alles, was ungekünstelt und lebendig ist. Es beeindruckt ihn, wenn sie einfach sie selbst ist. Vor allem, wenn das bedeutet, dass sie irgendetwas Ungewöhnliches an sich hat. Die Frechheit und Überzeugungskraft, mit der sie zum Beispiel eine ziemlich abseitige Meinung vertritt, macht ihn neugierig; genauso wie die schräge Geschichte von einem Erlebnis, das sie auf ihrem letzten einsamen Himalajatrecking hatte.

Was zieht ihn auf Anhieb an ihr an?

Gar nichts Konkretes; bloß keine Details. Ihn interessiert, ob sie wirklich „in echt" so ist, wie sie zu sein scheint – nämlich selbstbewusst und unabhängig, im Kopf wie im Leben. Es passiert ihm immer wieder, dass er sich bei einer Frau relativ schnell in irgendeine irisierende Einzelheit verguckt, die ihm so noch nicht untergekommen ist. Das geht vierzehn Tage gut, bis sich Enttäuschung einstellt. Denn in den Tiefen seiner Seele ist er auf der Suche nach der einen, großen, wahren Beziehung zu einer Frau. Und das ist eine Art Seelenverwandtschaft, eine Geistesfreundschaft auf wahrhaft titanenhaften Höhen.

Was will er zuerst über sie wissen?

Wie zeigt er, daß er Interesse hat?	Er ist einfach hinreißend. Charmant. Aufmerksam. Er saugt geradezu auf, was sie erzählt. Fragt nach, wo er etwas noch genauer wissen will. Er bringt sie zum Lachen. Kurz: er legt ihr nahe, ihn aufzufordern, sich so bald wie möglich wiederzusehen. Und wenn sie das tut, sagt er: Wann? Morgen?
Wie hilft man ihm, falls nötig, auf die Sprünge?	Am besten gar nicht. Er braucht keinen Wink mit dem Zaunpfahl; er reagiert darauf unter Umständen sogar absolut allergisch. Was seine Begeisterung allerdings noch beflügelt: Wenn seine Angebetete ihn immer wieder auf intelligente Art aus dem Konzept bringt. Zum Beispiel: eine These von ihm, die er pausenlos auch bei heißester Verliebtheit über alles und jegliches aufstellt, mit einer Gegenthese kontern, die ihn verblüfft.
Und wie kriegt man ihn ganz bestimmt nicht rum?	Mit der Nummer als Femme fatal. Erotische Wäsche. Die Frau, die ihn mit Strapsen und Schmollmund verführen will, erntet bestenfalls eine ironische Bemerkung. Überhaupt belästigt ihn alles, was unter die Rubrik „klassisch weibliche Verführungskünste" fällt: ihn eifersüchtig machen, warten lassen, die Hilflose spielen, oder das Biest.
Wie ist er, wenn er sich verliebt hat?	Für seine Verhältnisse hochromantisch – er holt sie samstagmorgens um fünf ab, um mit ihr an seinem Lieblingssee in den Bergen zu frühstücken. Albern wie ein Schuljunge – er schenkt ihr dreißig Luftballons und gibt ihr das Gefühl, dass das Leben leicht und schnell und bunt ist. Fürsorglich – er streitet sich für sie mit ihrem Vermieter, er fährt ihr Auto in die Werkstatt, er findet den Virus in ihrem Computer. Er ist, mit anderen Worten, vorübergehend überhaupt kein Wassermann mehr, sondern könnte glatt als fantasievoller Fisch, spritzige Waage oder strahlender Löwe durchgehen.

Wenn er anfängt, sich zu langweilen. Langeweile kann heißen, dass er einfach keine guten Gespräche mit ihr führen kann. Langeweile kann auch heißen, dass ihm ihre Vorstellung von romantischer Zweisamkeit zunehmend auf den Geist geht. Was auch immer los ist – sie erfährt davon nichts. Sie merkt nur, dass er sich plötzlich hinter eine Glaswand zurückzieht. Dieser krasse Umschlag von überschäumender Verliebtheit zurück ins „normale" Wassermann-Verhalten ist bei Männern sehr viel stärker ausgeprägt als bei den Frauen.

Wann ist es vorbei, bevor es überhaupt richtig angefangen hat?

… beginnt möglicherweise mit einem Streit – zum Beispiel einer erregt kontroversen Diskussion über einen Film, den man gerade zusammen gesehen hat. Er weiß durchaus, dass er intellektuell ganz schön arrogant sein kann. Und er liebt es, eine Meinung nur zum Zwecke der Provokation noch etwas zu überziehen. Hält die Frau, die ihn interessiert, angemessen dagegen, ist er nicht nur hingerissen. Es gibt ihm auch sexuell einen Kick. Erotik hat für ihn mit geistiger Nähe und Vertrautheit zu tun. Ganz besonders, wenn es keine kuschelige Nähe ist, sondern den Thrill prickelnder Kämpfe bietet. Es reizt ihn unendlich, das Prickeln auch im Bett noch etwas weiterzukitzeln.

Die erste Nacht mit ihm …

Sein Idealismus. Seine Freiheitsliebe. Seine von Witz und Humor sprühenden Momente, in denen er jeden in seiner Umgebung mit positiver Energie aufladen kann. Und die tiefe Freundschaft, die er einer Frau anbietet.

Was ist an ihm so faszinierend?

Austausch von Ideen, von Kraft, von Impulsen. Ein Zusammenleben ohne gegenseitige Kontrolle und ohne emotionale Erpressung. Gemeinsamkeit, die auf Freiwilligkeit und beiderseitigem Grundverständnis aufbaut.

Sein Ideal von Beziehung?

Der Schritt zur gemeinsamen Zukunft ...

... ist ihm unmöglich, wenn er unter melodramatischem Trommelwirbel stattfindet. Ein Satz wie „Ich werde dich immer lieben" kommt ganz bestimmt niemals über seine Lippen. Gemeinsamkeit entsteht für ihn durch das, was man zusammen erlebt, durchsteht, erkundet, erfindet, andenkt, diskutiert, aufbaut. Also eine Lebensform, in die zwei Menschen entweder unvermeidlich reinrutschen – dann passen sie zusammen – oder sie rutschen eben nicht rein – da kann man nichts machen. Auch wenn die Gemeinsamkeit schon zehn Jahre andauern sollte, braucht er immer noch das Gefühl, morgen gehen zu können. Dann sind auch die nächsten zehn Jahre kein Problem ...

Seine Einstellung zur Ehe?

Die Ehe ist eine traditionelle Institution. Und somit für ihn ohne Bedeutung Es ändert nichts an seinen Gefühlen in einer Beziehung, ob er mit der Frau an seiner Seite verheiratet ist oder nicht. Wenn er sein Ideal von Freiheit und Gemeinsamkeit gesichert sieht, dann kann man seinethalben auch heiraten. Wenn nicht, dann ist er eh' schnell weg. Es gibt eine nicht ganz kleine Gruppe von Wassermann-Männern, die alle paar Jahre heiraten. Der Trauschein ist es nun mal nicht, was sie bei einer Frau hält ...

Was bedeutet es ihm, Vater zu werden?

Er freut sich über die neue Erfahrung, und steht zu seiner Verantwortung. Verbindet damit aber keine übermäßig hehren oder weihevollen Vorstellungen, Stammhaltergedanken liegen ihm fern. Ein Kind ist für ihn ein Wesen, das mit Spaß am Leben aufwachsen soll. Woran ihm besonders liegt: dass der Nachwuchs die Welt aus erster Hand kennen lernt, und nicht aus dem Fernsehen. Sobald der oder die Kleine alt genug ist, nimmt er ihn/sie mit auf Ausflüge und Reisen, in den Zoo und ins Museum.

Das Bedürfnis, morgen gehen zu können, ist ein grundlegender Teil von ihm, und wird sich niemals ändern. Er braucht eine Frau, die ihn nicht braucht, die von ihm unabhängig ist, und das auch bleibt, die ihre eigenen Träume auch in der Partnerschaft nicht aufgibt. Wenn er aber spürt, dass seine Partnerin sich ihm mehr und mehr anpasst, zum Beispiel nur noch die Bücher liest, von denen er spricht, nur noch die Freunde sieht, die er auch gut findet, ihre gesamte Alltags-, Feierabend-, ja, Lebensplanung auf ihn ausrichtet, wächst in ihm eine innere Panik. Kippt das Gleichgewicht in der Beziehung, fühlt er sich eben nicht mehr frei, sondern emotional erpresst. Und das löst sämtliche wassermännische Rückzugsmechanismen aus.

Was wirft die ersten Schatten auf das Zusammenleben?

Er schwingt sich hoch hinauf auf seine intellektuellen Höhen. Das verschafft ihm eine sichere Entfernung von den Niederungen verwirrter Emotionen. Und das schöne Gefühl turmhoher Überlegenheit. Mag seine Partnerin in Tränen ausbrechen oder herumschreien, mag sie drohen oder ihm Vorwürfe machen – sie läuft damit ins Leere. Je emotionaler sie wird, desto kühler reagiert er. Wird es ihm zuviel, will er eigentlich nur noch gehen. Wenn auch noch nicht ganz, dann wenigstens im Moment. Mit Distanz ist seiner Meinung nach in hochemotionalen Augenblicken beiden geholfen. Später kann man sich dann ja auf „vernünftiger Basis" auseinandersetzen.

Wie reagiert er auf Stress in der Partnerschaft?

Er ist im Prinzip für getrennte Konten, findet es aber manchmal ganz sinnvoll, doch alles zusammenzuschmeißen – weil's dann bei der Bank üppiger aussieht und man mehr Spielraum hat. Er gibt gern Geld aus, wenn welches da ist, für Reisen, oder für ein bisschen Luxus im Alltag. Im Allgemeinen ist sein Blick für die

Thema Geld – wie hält er es damit im Zusammenleben?

35

Bottom-Line auf dem Konto aber recht gut. Allerdings neigt er manchmal dazu, für irgendeinen Flip (den neuesten PC mit allen Schikanen, ein Handy mit FAX-Funktion – er liebt High-Tech-Spielereien) zu tief in die Tasche zu greifen. Auf Vorwürfe deswegen reagiert er mitunter ausgesprochen zickig …

Was bedeutet für ihn Treue in der Beziehung?

Treue gibt es nicht – für diese Einschätzung wird er vermutlich sogar eine philosopische Erklärung haben. Was es aber für ihn durchaus gibt: Ein Ideal von Treue „im Geiste", das nicht davon berührt wird, ob er auch mit anderen schläft. Wenn er mit seiner Partnerin zusammen ist, gibt es in seinem Denken und Fühlen nur sie. Im übrigen ist er in der Praxis meist treu, weil er einfach andere Dinge im Kopf hat als verhängnisvolle Leidenschaften oder romantische Affären.

Ist er eifersüchtig?

Jein. Er würde es zumindest nie zugeben, da sein Ideal ja die beiderseitige Freiheit in der Beziehung ist. Also beißt er die Zähne zusammen, und baut darauf, dass sie die geistige Treue zu ihm nicht verrät. Gut möglich, dass er sich lieber mit einer offenen Dreiecksbeziehung arrangiert, die er unter Umständen sogar ganz reizvoll findet, als das zu verlieren, was ihm an der Gemeinsamkeit mit seiner Partnerin wichtig ist.

Was verletzt ihn in einer Beziehung am meisten?

- gemeinsamkeit
- Achtung auf
ideen, Projekte

Seine coole Distanz im Emotionsgetümmel hat auch eine Schutzfunktion. Tief im Inneren ist dieser Mann verwundbar fast wie ein Kind. Achtet ihn die Frau, die er liebt, nicht so, wie er nun mal ist, mit seiner Kopflastigkeit, seinen Idealen, seinen Projekten und Ideen, dann stößt sie ihm ein Messer ins Herz. Versucht sie, ihn umzuerziehen, womöglich noch hintenrum mit Tricks und Finessen, empfindet er das als ultimativen Verrat.

36

Er ist zu aufrichtig, um miese Spielchen zu spielen. Allerdings schafft er es nicht, ihr ganz klar zu sagen, was los ist – dazu müsste er sich zu tief in seine Gefühle hineinbegeben. Seine Art von Fiesheit ist ihm nicht bewusst. Sie besteht darin, dass er sich innerlich wegdreht von ihr, sie „im Geiste" fallen lässt. Und sie hat absolut keine Chance, irgendetwas zu sagen oder zu tun, was ihn davon abhält.

Und wie fies kann er sein?

Knall auf Fall. Er hat schon etwas von dem Typen, der mal eben Zigaretten holen geht, und nie wieder auftaucht. Da Wassermänner aber in der Regel nicht feige sind, kündigt er ihr sein Verschwinden vermutlich vorher in einem vernünftigen Gespräch an. Selbst wenn es sie im Moment fassungslos macht – es ist ein Beweis dafür, dass ihm wirklich etwas an ihr lag.

Wie macht er Schluss?

W A N T E D

Wassermann-Mann sucht ... intensive Turbulenzen mit intensiver Frau, die sich im Leben auskennt, und genau weiß, was sie will,

zum ... gemeinsamen Entdecken, was wir beide noch nicht kennen.

Bin... neugierig, offen, witzig, intelligent, unterhaltsam, optimistisch, unternehmungslustig, unkonventionell, experimentierfreudig, flexibel.

Biete ... Das muss sie schon selbst herausfinden, was sie davon haben will.

Eigenarten: Reagiere allergisch auf Frauen, die nur Sätze mit Ausrufungs- oder mit Fragezeichen reden.

Hautnah.
Im Bett mit einem Wassermann

Erotische Grundenergie Eher prickelnd als pulsierend, lädt sich im Kopf auf.

Was Sex für sie/ihn bedeutet Sex als Selbstzweck müssen Wassermänner beiderlei Geschlechts nicht haben – sie stehen nun mal weit drüber über den rein animalisch-körperlichen Trieben. Was ihre Sexualität anheizt, ist die Elektrizität zwischen zwei Menschen, die sich auch auf geistiger Ebene berühren.

Sexuelles Potenzial Hochspannung, die Reibungspunkte braucht, einen Widerstand von außen, um sich zu entladen.

Der Weg zur Erregung verläuft mit einem Wassermann nicht unbedingt kuschelig. Er (oder sie) liebt Überraschungen, unerwartete Wendungen, witzige Bluffs. Es muss irgendeine Herausforderung da sein, eine Grundspannung, die seinem Kopf und seinem Spieltrieb Spaß macht. Eine Frotzelei zwischen Jux und Ernst zum Beispiel. Oder der Partner findet, jetzt sei doch gerade nicht der richtige Moment, weil gleich Gäste kommen.

Anmacher Katz-und-Maus-Spiele jeglicher Art, mit viel Rumalbern und Rumbalgen. Sich gegenseitig erst anheizen, und dann wieder entziehen. Den Partner mit einem sanften Streichelvorspiel verwöhnen und ihn, wenn er kurz vor dem Höhepunkt steht, zum Lachen bringen –

und umgekehrt. Auch ungewöhnliche Situationen – es könnte jeden Moment jemand ins Zimmer kommen, zum Beispiel – bringen Wassermänner auf Touren.

Alles, was die Spontaneität wegnimmt. Vorgegebene Abläufe wie „Erst mache ich es dir schön, und dann du mir" oder „Das hat dir doch immer so gut gefallen". Komplizierte Techniken. Stellungen aus Lehrbüchern der Hocherotik. Bedeutungsschwangere Fesselungs- spielchen. Und der größte Abturner besonders für Was- sermann-Frauen: der „Hunger" in seinen Augen, seine dampfende Begierde.

Abturner

Wenn der Partner das Spiel von Reiz und Gegenreiz aufnimmt, und es schafft, einen so auszutricksen, dass man sich ihm nur noch ergeben kann.

Gipfel der **Lust**

Der Gedanke, von jemandem dazu gebracht zu wer- den, einfach nur stillhalten zu müssen, macht Wasser- männer schon an – aber auch Angst. Hocherotische Vorstellung für Männer wie Frauen: sich nicht wehren können, das Gegenüber zieht einen langsam aus – und macht dann gar nichts weiter. Bis man sich vor Verlan- gen windet.

Erotische Fantasien

3. Astro-Connections: Der Wassermann und die anderen

Wassermänner suchen sich ihr Gegenüber selbst aus und gehen darum am liebsten Bindungen zu den anderen Vertretern des Elementes Luft ein. Was aber nicht unbedingt besonders spannende Partnerschaften ergibt. Spannung gibt's dagegen in der Verbindung mit Feuer-Menschen. Eigentlich fast schade, dass Wassermänner gerade diese häufig dann doch meiden. Die Energie der Erd-zeichen ist eher statisch. Als Teampartner für einen Wassermann sind sie eine echte Geduldsprobe. Luft und Wasser? Da ist von ein paar belanglosen Blasen bis zur Sturmflut alles drin.

Ein Typus von Partnerschaften, die sich häufig und fast von selbst entwickeln. In denen zwei auf der gleichen Frequenz schwingen oder sich gegenseitig ergänzen

„Funktioniert irgendwie immer"

Wassermann / Wassermann

Wassermänner brauchen Partner, die in Sachen Unabhängigkeit mindestens so sind wie sie selbst. Sich da gleich mit dem eigenen Spiegelbild zusammenzutun, ist eine ausgesprochen wassermännische Idee – emotional ungefährlich und gut für jede Menge Action. Beide pushen sich gegenseitig hoch, im Job, im Urlaub, im Leben. Nun sind Astro-Energien im Doppelpack nie ganz unproblematisch – zuviel Gleichartigkeit bringt bei „langsameren" Zeichen häufig nichts weiter als „harmonische" Langeweile. Beim Wassermann, der schon für sich allein ständig unter Strom steht, verstärkt diese Verdoppelung nicht nur die Schatten der Energie, sondern kann auch durch kurzschlüssige Verbindungen jede Spannung abbauen. Im Extremfall kann das eine Beziehung werden, in der beide hyperaktiv und hypernervös sind – und wie Geschwister nebeneinanderleben. Da beide auch erotisch auf der gleichen Kopfebene schwingen, prickelt halt nichts mehr, wenn beide Köpfe voll sind. Und es gibt noch einen Wassermann-Schatten, der in dieser Beziehung zumindest nicht lichter wird. Dieses Zeichen ist besser darin, warmherzig geliebt zu werden, als selbst warmherzig zu lieben.

Wassermann / Zwillinge

Zwillinge sind die luftigsten Vertreter ihres Elements: geistig wendig, gewitzt und unterhaltsam. Wassermänner beiderlei Geschlechts können mit Zwillinge-Partnern jede Menge Spaß haben. Diese Beziehungen sind vielleicht nicht gerade magisch zu nennen, sind aber unkompliziert und kurzweilig – ganz besonders im Bett. Zwillinge lieben spielerische Herausforderungen ihres Einfallsreichtums. Was Wassermännern mitunter aufstößt: dass sich das Weltbild der Zwillinge häufig vor allem um die eigenen Belange dreht. Es fehlen die großen Ideale, und die höheren Ziele. Speziell eine Wassermann-Frau kann damit echte Probleme kriegen.

Wassermann / Schütze

Der Schütze ist der große Denker unter den Feuerzeichen. Sein Feuer ist das des Geistesblitzes, was ihn dem Wassermann auf Anhieb sympathisch macht. In der Beziehung zu einem Schützen kann er sein Ideal von geistiger Freundschaft leben und kriegt zugleich anregende Impulse, die aus einem vitaleren Reich als dem der Gedanken kommen. Schütze-Menschen nehmen die Welt eben nicht nur über den Kopf wahr. Sie haben eine schwärmerische Ader, lauschen der Stille und schreiben darüber Gedichte. Wassermann-Frau und Schütze-Mann finden sich oft. Dem männlichen Wassermann kann die belehrende Art mancher Schütze-Frauen indes auf den Geist gehen.

Ein Typus von Partner-
schaften, die reizen und
herausfordern aber auch
heftige Probleme bringen
können

„Sie küssten und sie schlugen sich"

Wassermann / Löwe

Die Wassermann-Luft sprüht vom Uranus-Feuerwerk. Das Feuer des Löwen strahlt wie die Sonne. Treffen beide aufeinander, hat das den Charakter eines Naturereignisses. Eines seltenen allerdings. Löwen sind starke Typen, die ihre Umgebung und ihre Beziehung dominieren wollen. Das wollen Wassermänner auf ihre Art auch – sie lassen sich einfach auf keine Bindung ein, in der ihre Vorstellung von Unabhängigkeit nicht ankommt. Eine Löwe-Connection bringt genau den Stress, vor dem sie gewöhnlich flüchten. Es ist also unvernünftig, und darum gar nicht wassermännisch, sich ausgerechnet in einen Löwen zu verlieben. Wenn es doch passiert, dann zumeist außerordentlich heftig. Die beiden Zeichen liegen sich im Tierkreis direkt gegenüber, was ins Astrologische übersetzt heißt: es sind Gegenentwürfe, die einander sozusagen schicksalhaft ergänzen können. Die Wassermann-Welt ist androgyn und findet im Kopf statt. In der Löwenwelt tobt das pralle Leben – und das sehr geschlechtlich. Speziell Wassermann-Frauen sind von Löwen zuweilen bis zur Verblendung fasziniert. Daraus entsteht allerdings eher eine heiße Affäre als eine glückliche Dauerbeziehung. Abgeklärte Wassermann-Männer machen um Löwinnen lieber gleich einen Bogen.

Wassermann / Widder

Das Widder-Feuer ist ein inneres Feuer, das der Wassermann gut in die Richtung „Gemeinsame Action" lenken kann. Widder sind klar und geradeheraus. Sie wollen auch in einer Beziehung nichts weiter als mit dem Kopf durch die Wand. Dabei geht es mehr ums Prinzip als darum, den Partner zu beherrschen. Was Wassermänner zwar nervig, aber auch spannend finden. Schließlich brauchen sie starke Partner, die nicht von ihnen abhängig sind. In dieser Beziehung fliegt die ein oder andere Tasse gegen die Wand – vom Widder geworfen, versteht sich. Die Versöhnung findet im Bett statt.

Wassermann / Skorpion

Wenn ein Wasser-Wesen einem Wassermann ebenbürtig ist, dann der Skorpion. Auch er hat seine Ideale und Vorstellungen, will etwas bewirken, will Dinge beeinflussen. Er ist zwar emotional, löst sich aber bei Problemen nicht gleich hilflos in seine Gefühle auf. Und das macht ihn als Partner für einen Wassermann durchaus interessant. Beide fighten auf ihre eigene, subtile Weise um die Macht – der Skorpion mit seinem Geschick darin, Menschen zu manipulieren, der Wassermann mit seinen Talent, sich jedem Manipulationsversuch zu entziehen. Das hat etwas von Schachspiel zwischen gleich starken Gegnern – ein Spiel, das auch im Bett für so manchen heißen Zug gut ist.

Ein Typus von Partner-
schaften, die auf den ersten
Blick gar nicht funktionieren können oder wollen,
weil beide zu unterschiedlich sind. Die aber das
Potenzial in sich tragen zu
genau der Liebe, die das
Leben verändert

„Wer hätte das gedacht"

Wassermann / Waage

Obwohl die Waage ebenso wie der Wassermann ein Luftzeichen und damit eigentlich eine Geistesverwandte ist, halten Wassermänner häufig erst einmal vorsichtige Distanz. Denn Venus lädt die Waage-Luft mit einem deutlichen Hauch von Seelenflimmern auf, das dem rational veranlagten Wassermann schnell lästig wird. Besonders weibliche Vertreter des Waage-Zeichens haben etwas Flirrendes, wirken in einem Moment wie die Femme fatale schlechthin, dann wieder wie ein verspieltes Mädchen. Die Männer sind oft der Typ „charmanter Lebenskünstler", die deutlich erkennen lassen, welchen Spaß sie daran haben, ihre erotische Wirkung auszutesten. Waagen spielen gern – genauso wie Wassermänner – allerdings auf einer emotionaleren Ebene. Gerade darum können sie eine anregende Ergänzung für die Kopfschwere des Wassermannes sein. Wenn er dann merkt, dass die Waage im Grunde ihrer Seele genauso ihre Unabhängigkeit liebt wie er, kann sich eine traumhaft schöne Beziehung entwickeln. Vor allem für die Paarung Wassermann-Frau/Waage-Mann sind die Astro-Karten gut gemischt – wenn sie es schafft, sich damit zu arrangieren, dass er nicht besonders zielstrebig ist. Aber Wassermann-Männer gelingt es, bei Waage-Frauen, ihre Rationalität in Sinnlichkeit zu transformieren.

Wassermann / Jungfrau

Die tatenschwangere Luftenergie des Wassermanns und die in sich ruhende Erdenergie der Jungfrau behindern sich auf den ersten Blick gegenseitig. Doch so unterschiedlich die Lebensmuster auch sind – es gibt zahlreiche Berührungspunkte. Zum Beispiel sind beide Idealisten, sind beide Kopfmenschen, neigen beide dazu, ihre Emotionen durch den Verstand zu kontrollieren, zieht es beide zu Höherem als dem, was sie in der Welt vorfinden. Für eine „geistige" Basis in der Beziehung ist also gesorgt. Emotional ist die Jungfrau vielleicht das einzige Zeichen, das die wassermännische Struktur wirklich durchschaut – schließlich gelten sie als die geborenen Psychoanalytiker im Tierkreis. Eine Jungfrau versucht aber nicht, den Wassermann an ihrer Seite umzukrempeln. Denn sie ist vollauf damit ausgelastet, an ihrem schwersten Analysefall zu arbeiten – und der ist sie selbst. Jungfrauen achten in Beziehungen sehr darauf, die richtige Balance zwischen Abgrenzung und Nähe zu finden. Und dabei neigen sie eher dazu, vom Partner zu wenig Zuwendung zu fordern als zu viel. Ein Wassermann spürt bei einer Jungfrau immer Verständnis, und fühlt sich darum gut aufgehoben. In beiden Geschlechterkombinationen können sich diese Zeichen gegenseitig unterstützen. Im Bett treffen sie sich in ihrer Vorliebe für intellektuelle Thrills. Wassermann-Frauen bewundern die starke, oft auch künstlerisch ausgeprägte Intellektualität an Jungfrau-Männern. Von Jungfrau-Frauen meinte man früher, ihr Schicksalsprinzip sei das Dienen. Richtig daran ist, dass sie in der Verbindung zum Wassermann-Mann die größere Verantwortung für die Beziehung übernehmen.

Typus von Partnerschaf-
ten, die astrologisch entweder indifferent oder „eher
ungünstig" beschienen
sind. Aber wer weiß denn
schon, wo die Liebe hinfällt

„Und dann gibt's da noch …"

Wassermann / Stier

Der Stier ist ein Erd-Wesen, das auf seinem Stück
Scholle Wurzeln schlägt. Er will besitzen, sich was aufbauen, ein sicheres Zuhause haben. Damit können
Wassermänner wenig anfangen. Nun räkeln sich Stiere
aber auch im Glanz ihrer planetarischen Herrscherin
Venus. Sie sind für sinnliche Genüsse jeder Art aufge-
schlossen. Emotional repräsentieren sie die auf-
blühende Fülle der Frühlings-Erde, die sich vom kühlen
Hauch der Wassermann-Luft kaum beeindrucken
lässt. Eher ist das Gegenteil der Fall. Namentlich
männliche Wassermänner stellen fest, dass sie
dem Wesen des weiblichen Stiers doch schöne Seiten abgewinnen können. Eine Stier-Frau
zeigt dem Wassermann, wie man im Augenblick schwelgt. Dabei schafft sie es unter Umständen sogar, ihn im Bett so mitzureißen, dass
er seinen Kopf ausschalten kann. Allerdings ist
das auf Dauer nicht der Kick, den er erotisch und
überhaupt in einer Beziehung sucht. Auch Wassermänninnen fühlen sich oft von den starken Besitzan-
sprüchen und der ausschweifenden Sinnlichkeit eines
Stier-Mannes, dem Erotik durchaus Selbstzweck sein
kann, von vornherein abgestoßen, weil es ihren Unab-
hängigkeitsdrang viel zu stark einengt.

Wassermann / Steinbock

Der Steinbock wird von eben jenem Saturn beherrscht, dem der Wassermann eine lange Nase zeigt. Das gestaltet diese Verbindung problematisch. Dann braucht der Steinbock einfach nur so sein, wie er ist – beharrlich, vernünftig, planvoll –, um dem Wassermann schon wie die Inkarnation des erhobenen Zeigefingers zu erscheinen. Umgekehrt wirkt ein uranischer Wassermann mit seiner Impulsivität auf Steinböcke verantwortungslos. Es müssten sich schon ein hochentwickelter, weiser Steinbock und ein von Saturn gemäßigter Wassermann treffen, damit sich eine haltbare Beziehung entwickelt.

Wassermann / Krebs

Hier treffen der emotionsärmste Botschafter aus dem Reich des Geistes und das gefühlsreichste aller Wasser-Wesen aufeinander; und damit Gegensätze von genau der Art, die sich überhaupt nicht anziehen. Des Wassermannes Grundbedürfnis nach Unabhängigkeit und die Grundsehnsucht eines Krebses nach Verschmelzung lassen sich nicht auf einen gemeinsamen Nenner bringen. Ein männlicher Wassermann kann die Verletzbarkeit einer Krebs-Frau nicht aushalten. Eine Wassermann-Frau dreht durch angesichts der komplizierten Psychokonstruktion eines Krebs-Mannes. Krebse beiderlei Geschlechtes können wunderbare Partner sein. Aber eher nicht für Wassermänner.

Wassermann / Fische

Der Wassermann schwingt sich hoch hinauf ins geistige Element. Die Fische tauchen tief hinunter ins Wasser. Beide sind Utopisten, die andere Menschen faszinieren können. Nur mit der gegenseitigen Faszination klappt es häufig nicht. Das Utopia der Fische liegt Lichtjahre entfernt von dem der Wassermänner. Es wird nicht durch äußere Aktivitäten erreicht. Sondern durch innere Einkehr, Selbstversenkung und Selbsterkenntnis. Fische neigen dazu, sich in Traumwelten zu versenken. Die können ganz real und konkret aussehen, haben aber meist nichts mit den Orten zu tun, an denen man sich von Punkt A zu Punkt B bewegt. Und das macht Wassermänner wahnsinnig. Genauso wie die Angewohnheit speziell weiblicher Fische, sich nicht einfach zu verlieben, sondern magische Begegnungen zu haben. Als Traumprinz oder Märchenfee sind Wassermänner nun mal eine glatte Fehlbesetzung. Die einzige Chance einer dauerhaften Verbindung ergibt sich, wenn Wassermänner es schaffen, von den magischen Ambitionen der Fische einfach zu abstrahieren und in der unauslöschlichen Neugier der Fische eine ebenso intellektuelle wie erotische Herausforderung zu sehen, und andererseits vermittels ihrer Spontaneität ihre Fische-Partner aus dem Bering der Egozentrik herauszulocken. Fische und Wassermänner brauchen einander nicht. Und – so paradox es klingt – darin liegt die Chance für ihre Partnerschaft.

	Love & Sex	Intellekt	Dauerbrenner	Stressfaktor
Widder	❤️❤️❤️❤️	💡	⏰⏰	⚡⚡⚡⚡
Stier	❤️❤️❤️	💡	⏰	⚡⚡⚡
Zwillinge	❤️❤️❤️	💡💡💡💡	⏰⏰⏰	⚡
Krebs	❤️	💡		⚡⚡⚡
Löwe	❤️❤️❤️❤️❤️	💡💡	⏰	⚡⚡⚡⚡⚡
Jungfrau	❤️❤️	💡💡💡💡💡	⏰⏰⏰	⚡⚡⚡
Waage	❤️❤️❤️❤️	💡💡💡	⏰⏰⏰	⚡⚡
Skorpion	❤️❤️❤️❤️	💡💡	⏰⏰⏰	⚡⚡⚡⚡
Schütze	❤️❤️❤️	💡💡💡	⏰⏰⏰⏰	⚡⚡⚡
Steinbock	❤️❤️	💡	⏰	⚡⚡
Wassermann	❤️❤️❤️❤️	💡💡💡💡💡	⏰⏰⏰⏰⏰	⚡
Fische	❤️❤️	💡💡		⚡⚡⚡

Verliebt in...
Aquaríus

4. Stars und Sterne: Wassermänner, von denen man spricht

Jedes Sternzeichen hat seine VIP-Lovestorys. Und jede dieser Geschichten erzählt auch etwas über die ganz spezielle Art und Weise, in der seine Vertreter mit Gefühlen umgehen. Aquarius gehört nicht zu den Zeichen, über die man ganze Bände leidenschaftlicher, dramatischer, fataler, entsagungsvoller, schwärmerischer, verrückter Romanzen füllen könnte. Wassermänner neigen zwar dazu, berühmt zu werden. Aber nicht durch ihre Liebesaffären.

Unabhängige Frauen

Unmögliche Erscheinung am Wegrand

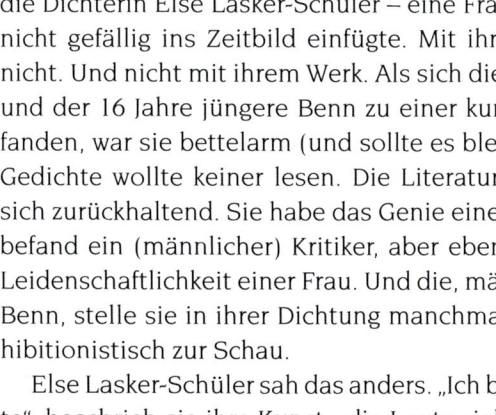

Else Lasker-Schüler, geb. am 11. Februar 1869 in Wuppertal-Elberfeld, war zunächst mit dem Arzt Berthold Lasker, später mit dem Publizisten Herwarth Walden verheiratet. Langjährige Beziehungen verbanden sie mit Peter Hille, Theodor Däubler, Georg Trakl und Gottfried Benn. Sie – der „Prinz von Theben" – starb am 22. Januar 1945 in Jerusalem.

Berlin war 1912 nicht gerade ein Kuhdorf. Trotzdem „konnte man mit ihr nicht über die Straße gehen, ohne dass alle sie anstarrten. Sie trug unmögliche, exzentrische Gewänder, überladen mit unechten Ketten. Die kurzgeschnittenen Haare fielen ihr über das Gesicht, und sie strich sie ständig mit von Talmi-Ringen glitzernden Fingern zurück." So beschreibt Gottfried Benn die Dichterin Else Lasker-Schüler – eine Frau, die sich nicht gefällig ins Zeitbild einfügte. Mit ihrem Leben nicht. Und nicht mit ihrem Werk. Als sich die 43jährige und der 16 Jahre jüngere Benn zu einer kurzen Affäre fanden, war sie bettelarm (und sollte es bleiben). Ihre Gedichte wollte keiner lesen. Die Literaturszene gab sich zurückhaltend. Sie habe das Genie eines Mannes, befand ein (männlicher) Kritiker, aber eben doch die Leidenschaftlichkeit einer Frau. Und die, mäkelte auch Benn, stelle sie in ihrer Dichtung manchmal recht exhibitionistisch zur Schau.

Else Lasker-Schüler sah das anders. „Ich baue Paläste", beschrieb sie ihre Kunst, „die Leute ziehen es vor, in den Schweineställen der Literatur zu wohnen." Sie spielte mit Worten „wie mit blauen, violetten und grünen Steinen". Und verwob sie zu einer für ihre Zeit ungewohnten, verwirrenden, in aller „Leidenschaftlichkeit" auch beängstigend enthüllenden Sprache. Beängstigend nicht zuletzt für die Männer, die in die Gefühlswelt der Dichterin und damit in ihre Wortpaläste mit hineingewoben wurden. Sie gab ihnen – in ihrem Werk wie im wirklichen Leben – neue Namen. Gottfried Benn war für sie „Giselher, der Barbar", dem sie dichtete: „Ich

Distanzierte Männer

Der Marxist und die Frauen

Der Stückeschreiber weilte im kalifornischen Exil. Einsam war es nicht um ihn. „Das ständige Kommen und Gehen", so erinnert sich ein Freund, „konnte einem auf die Nerven gehen." Zu fast jeder Zeit tauchten unerwartet Besucher auf. Die beiden Kinder waren quengelig. Allein des Dichtes Frau, Helene, schaffte es auf wundersame Weise, für jeden Gast eine Mahlzeit bereit zu halten. „Er jedoch", erzählt der Beobachter, „zog sich in eine Ecke zurück, wo ihn jeder, der etwas von ihm wollte, aufsuchen musste." Oder er floh ein paar Häuser weiter, wo er seine Geliebte und Mitarbeiterin Ruth Berlau untergebracht hatte.

Das Dreieck lebte Bertolt Brecht nicht bürgerlich verschämt, sondern ganz offiziell – auch, als er wieder nach Berlin zurückkehrte, war die Geliebte (später folgten ihr jüngere) nie weiter als ein paar Schritte entfernt. Im Marxismus gibt es keine Eifersucht, wie Brecht gern betonte. Stier- und Ehefrau Helene Weigel soll darauf bestanden haben, dass keine der anderen im gleichen Haus lebte wie sie und „der Brecht".

Sie nannte ihn bei seinem Nachnahmen, wenn sie von ihm sprach. Mag sein, dass sein Denkergenie einen gewissen Respektabstand in seinen Beziehungen bewirkt hat. Vielleicht war das Brecht ja auch ganz recht so. In jungen Jahren reimte er ganz unpolitisch: „In meinen leeren Schaukelstuhl vormittags/setze ich mitunter ein paar Frauen/und ich betrachte sie sorglos und sage ihnen/in mir habt ihr einen/auf den könnt ihr nicht bauen."

Bertolt Brecht, geb. am 10. Februar 1898 in Augsburg, hatte schon in den 20er Jahren Erfolg mit seinen Stücken. Seine Hauptwerke entstanden im Exil, darunter zahlreiche Gedichte von bleibendem literarischen Wert. Seit 1949 leitete er in Berlin (Ost) sein eigenes Theater, das Berliner Ensemble. Brecht starb am 14. August 1956 in Berlin.

Drama mit Augenblinzeln

Clark Gable, geb. am 1. Februar 1901 in Cadiz (Ohio), als Darsteller von Draufgängern beliebt, begründete seinen Ruhm in „Meuterei auf der Bounty" (1935) und „Vom Winde verweht" (1939). In „Nicht gesellschaftsfähig" (1960) stand er an der Seite von Marilyn Monroe zum letzten Mal vor der Kamera. Clark Gable starb am 16. November 1960 in Hollywood.

Er liebte sie, weil sie wie er war. Stark. Unabhängig. Nicht wie die anderen in dieser bigotten Gesellschaft. Was für eine Beziehung hätte das werden können. Doch sie verstand nicht. Ein echtes Wassermann-Drama! Und jetzt hat der Mann gepackt. Er ist schon an der Tür. Sie rennt ihm nach, verzweifelt. „Und ich?? Was wird aus mir???" Er hält nur kurz inne. Man muss den Satz mal auf englisch hören, mit seiner Stimme, um zu kapieren, dass es ihm wirklich scheißegal ist. „Frankly, I don't give a damn." Clark Gable ist Rhett Butler. Und der geht wirklich. Wer glaubt, er käme zurück, der hat „Vom Winde verweht" nicht begriffen.

Keiner konnte den ironisch-distanzierten Butler besser darstellen als der ironisch-distanzierte Wassermann Gable. Als der 38-jährige den Film drehte, war er bereits ein Star mit dem Image des spöttischen Draufgängers. Ein Sexsymbol, das es auch in den schmalzigsten Melodramen schaffte, mit einem Augenzwinkern über allem zu stehen. Augenzwinkernd hatte er auch seine ersten beiden Ehen absolviert. Beide Frauen waren mehr als fünfzehn Jahre älter. Beide betrachtete er als seine Lehrmeisterinnen.

Als er „Vom Winde verweht" drehte, traf er die Schauspielerin Carole Lombard. Sie war die Gefährtin, die ein Wassermann sucht. Sie fluchte und trank mit ihm, sie ging mit ihm auf die Jagd, sie hatte seinen Sinn für Humor. Er heiratete sie 1940. Als sie zwei Jahre später bei einem Flugzeugabsturz ums Leben kam, wollte er nicht mehr so weitermachen wie mit ihr zusammen. Er zog in der Krieg, und meldete sich, Wassermann er, zur Fliegerstaffel. Hochdekoriert kehrte er heim. Er heiratete danach noch zweimal. Nebensächlich – und mit Augenzwinkern.

Telegrafischer Heiratsantrag

Die junge Dame machte mit dem reichsten Witwer der USA eine Kutschfahrt in die Hügel New Hampshires. Beim Anblick eines Tales rief sie entzückt aus: „Oh, wie schön." Der 37-jährige an ihrer Seite sprang in seiner überschwenglichen Art auf. „Wenn Sie wünschen, mache ich es noch schöner", rief er mit ausgebreiteten Armen. „Ich setze hier eine Fabrik neben die andere."

Man schrieb das Jahr 1885. Industrieller Fortschritt war der Inbegriff von Zivilisation, und er, der Wassermann, einer der größten Technik-Pioniere. Dabei hatte er nie eine Universität besucht. Schon mit Vier wollte Thomas Alva Edison nichts anderes als Telegrafist werden. Wurde er dann auch. Doch es reichte ihm nicht. Mit zwanzig schmiss er seinen Job bei der Telegrafengesellschaft, um sich als „Elektro-Ingenieur" auf eigene Füße zu stellen. Als erstes kaufte er sich ein Arbeitstagebuch. Und schrieb auf die erste Seite in großen Lettern: Von mir für mich erfunden!!!

Der Mann erfand so gut wie alles, was mit Elektrizität zu tun hat, unter anderem den Dynamo; den Fonografen; den drahtlosen Fernschreiber. Sein großes Geld machte er mit dem Vorläufer der Glühbirne. Bis zu seinem Tod sollte er mehr als 2000 Patente auf seinen Namen eingetragen haben. Edison ist die Inkarnation des Wassermannes, der sich bis an die Grenzen seiner Kapazität in seine „Projekte" hineinsteigert.

Da bleibt für Liebe nicht viel Zeit. Der Mann morste Miss Mina Miller seinen Antrag auf der Rückfahrt – im Telegrafenalphabet. Später befragt, warum er das so gemacht hätte, antwortet er, es dauere zu lange, einer Frau etwas zu erklären. Und außerdem, fügte er hinzu – „J-A ist blitzschnell telegrafiert. Sonst hätte sie es sich am Ende noch anders überlegt."

Thomas Alva Edison, geb. am 11. Februar 1847 in Milan (Ohio), erfand 1876 das erste Kohlenkörnermikrofon und 1877 den Fonografen, 1879 die Kohlenfadenlampe und entdeckte 1883 die Glühemission, nachdem er ein Jahr zuvor das erste öffentliche Elektrizitätswerk in New York in Betrieb genommen hatte. Am 18. Oktober 1931 starb Edison in West Orange (N.J.).

Bekannte Wassermann-Frauen- und ihre Verbreitungsgebiete

Hollywood & Co Jeanne Moreau, Geena Davis, Barbara Sukowa, Vanessa Redgrave, Charlotte Rampling, Hildegard Knef, Nastassja Kinski, Bridget Fonda, Farrah Fawcett, Lana Turner, Kim Novak, Sharon Tate, Diane Lane, Sonja Ziemann

Medien Oprah Winfrey , Dagmar Berghoff, Marijke Amado

Musikbühne Opernsängerinnen Adelina Patti, Maria Cebotari, Renata Tebaldi, Leontyne Price, Lisa della Casa

Ballett Anna Pawlowa

Showbiz Yoko Ono, Carole King, Juliette Greco, Melanie, Natalie Cole, Roberta Flack, Eartha Kitt, Hella von Sinnen

Staffelei Paula Modersohn-Becker, Gabriele Münter

Dichterstube Sophie Laroche, Hedwig Courths-Mahler; Sidonie Gabrielle Colette; Gertrude Stein; Erika Runge, Marie-Luise Kaschnitz, Annette Kolb, Lou Andreas-Salomé

Atelier Margarete Schütte-Lihotzky, die Schöpferin der „Frankfurter Küche", Mary Quant, Minirockerfinderin

Politik Rita Süssmuth, Corazon Aquino, Beatrice Webb

Zeitgeschehen Beatrix, Königin der Niederlande; Stefanie, Prinzessin von Monaco; Caroline, Prinzessin von Monaco

Geschichte Maria I. von England (Bloody Mary)

Sportarena Hana Mandlikova (Tennis), Sjoukje Dijkstra (Eiskunstlauf), Heide Rosendahl (Leichtathletik)

Bekannte Wassermann-Männer und ihre Verbreitungsgebiete

James Dean   *Legenden*

Nick Nolte, Burt Reynolds, John Travolta, Jack Lemmon,   *Hollywood & Co*
Paul Newman, Tom Selleck, Gene Hackman, Pierre
Brice, Willy Fritsch, Hansjörg Felmy, Manfred Krug

Neil Diamond, Mario Lanza, Placido Domingo   *Musikbühne*

Wilhelm Furtwängler, Arthur Rubinstein, Claudio Arrau   *Konzertpodium*

Wolfgang Amadeus Mozart, Franz Schubert, Felix   *Notenzimmer*
Mendelssohn Bartholdy, Walter Kollo, Eduard
Künnecke, Gottfried von Einem, Alban Berg

Carl Spitzweg, Edouard Manet, Max Beckmann   *Staffelei*

James Joyce, Anton Tschechow, Hugo von Hofmannsthal,   *Dichterstube*
Boris Pasternak, Jules Verne, Ernesto Cardenal, August
Strindberg, Gotthold Ephraim Lessing, E.T.A. Hoffmann,
Georges Simenon, Stendhal, Lord Byron, Ludwig Tho-
ma, Hermann Kesten, W. S. Maugham, Norman Mailer

Valery Giscard d'Estaing, Friedrich Ebert, Ludwig Er-   *Politik*
hard, Andreas Papandreou, Olof Palme, Theodor Heuss

Willi Bogner, Christian Dior, Paul Bocuse, Michael Käfer   *Trendsetter*

Alfred Adler, Galileo Galilei, Nikolaus Kopernikus, Leo   *Wissenschaften*
Szilard, Charles Darwin, Alexander Graham Bell

Friedrich II. von Preußen, Gustav III. von Schweden,   *Geschichte*
Abraham Lincoln, Franklin D. Roosevelt

Rudolf Caracciola, John McEnroe   *Sportarena*

5. Lifestyle: Wie Wassermänner leben

Egal was ein Wassermann gerade macht – das durchschnittliche Energie-Level, auf dem er sich dabei befindet, beträgt etwa einhundert Prozent. Zu diesem Zeichen gehören Stehaufmännchen, die nach einem anstrengenden Tag oft nur eine Dusche brauchen, um wieder vor Unternehmungsgeist zu sprudeln. Da muss man als Partner mithalten können.
In Sachen Stil sind Frauen wie Männer dieses Zeichens Individualisten. Natürlich sind sie informiert, was Trend und was Kult ist. Doch Wassermänner machen nicht nach. Sie sind sozusagen die Avantgarde.

Business as usual

Wassermänner sind Frühaufsteher. Nicht aus Prinzip – ihre Energie treibt sie einfach aus dem Bett. Am offenen Fenster Morgenluft zu schnuppern, ist ein wichtiger, wenn nicht der einzige „meditative" Moment im Wassermann-Alltag. Ein flüchtiger Moment. Viele Wassermänner finden es nützlich, lästige Dinge noch vor dem Morgenkaffee zu erledigen, hängen sich, kaum der Dusche entsprungen, ans Telefon – sei es, um einen für den Job wichtigen Termin zu machen „weil man die Leute jetzt am besten erreicht", oder sei es, um irgendetwas im Familien- oder Freundeskreis zu regeln. Das Frühstück ist eine Mini-Oase zwischen dieser Phase der Frühaktivität und dem Moment, wo's richtig losgeht. Wobei Wassermänner nicht die Typen sind, die zum Brötchen ausgiebig die Zeitung studieren – es sei

denn, sie müssten es beruflich. Sprunghaftigkeit durch-
zieht den Wassermann-Tag wie ein roter Faden.
„Gemütlichkeit" in dem Sinne, dass alle Abläufe ihre
Zeit haben, mag dieses Zeichen nicht.

Wochenend
und Sonnenschein ...

Wassermänner sind keine Hobbytypen. Ist ihnen eine
Beschäftigung so wichtig, dass sie langfristig Begeisterung und Zeit darin investieren, existiert meist eine
Querverbindung zu ihrem Job oder sie finden über kurz
oder lang einen Dreh, wie sie diese Leidenschaft mit
dem Beruf verknüpfen, wenn nicht sogar direkt zum
Gelderwerb machen können. Männliche wie weibliche
Vertreter dieses Zeichens sind eigentlich immer gerade mit irgendeinem ihrer „Projekte" beschäftigt. Das
muss nichts Großartiges sein. Es kann sich einfach darum handeln, alle Videotheken der Stadt nach der Ori-
ginalfassung von *Rio Bravo* abzuklappern. Typische Was-
sermann-Freizeitprojekte haben fast immer damit zu
tun, „Leute zu treffen". Zum Beispiel ...
♥ Freunde, Bekannte, Arbeitskollegen, sonstige be-
rufliche Kontakte zum Essen einladen, oder bei ihnen
zum Essen eingeladen zu sein;
♥ mit Freunden, Verwandten, Bekannten eine Ein-
kaufsexpedition veranstalten, um für sie oder für sich
irgendein besonderes Stück aufzutreiben;
♥ auswärts lebende Freunde, Verwandte, Bekannte besuchen, so die Gelegenheit zu einer Spritztour
nutzen.

65

Sich wohl fühlen

1: Body …

Wassermänner haben ein oberflächliches Verhältnis zu ihrem Körper. Er soll einfach nur funktionieren. Obwohl sie sonst verborgene Hintergründe blitzschnell über den Kopf erfassen, verlassen sie hinsichtlich des eigenen Körpers auf ihr Feeling. Motto: Solange ich mich frisch und fit fühle, ist alles in Ordnung. Allein der Gedanke an Sport bewirkt bei ihnen einen akuten Anfall von Langeweile. Kalorien zählen oder auf Nährstoffgehalte achten, erscheint ihnen nicht minder öde. Und bei Stress im Job schieben sie sich zwischendurch schnell und gern Junkfood rein.

2: … and Soul

Wo andere von Depressionen sprechen, mokieren sich Wassermänner ironisch über „Trübsinn". Wo andere in sich gehen, gehen Wassermänner aus – oder räumen die Wohnung um, oder machen sonst irgendetwas, das sie auf andere Gedanken bringt. Auch Wassermann-Frauen neigen nicht dazu, sich allzu tief in dunkle Stimmungen hineinzubegeben, obwohl sie meist sehr viel deutlicher als Männer erkennen, dass sie dieselben haben. Doch beide sind Künstler der mehr oder weniger positiven Verdrängung. Wer wissen will, was der Wassermann an seiner Seite gerade so alles verdrängt, sollte sich an seinen körperlichen Wehwehchen orientieren. Zum Beispiel: „Ich hab' heute wieder einen total verspannten Rücken" oder „Ich konnte die halbe Nacht nicht schlafen …"

Outfit

♥ Die meisten Wassermann-Frauen bevorzugen „casual wear". Etwas lässig, und dezent trendig – aber nicht so trendig, dass es so aussieht, als müssten sie unbedingt den letzten Schrei mitmachen. Es sei denn, es ist der letzte Schrei, den irgendein Geheimtip aus der Off-Modeszene in Paris oder New York oder sonstwo kreiert hat. Mit Schmuck sind Wassermänninnen zurückhaltend. Was sie lieben, sind auffällige Accessoires. Schals, Tücher, kurz, alles, was flattert, sind ihre große Leidenschaft. Diese Begeisterung findet man auch bei einer kleinen, aber sehr wassermann-typi-

schen „Untergruppe" von Frauen, die grundsätzlich und über Jahrzehnte ihren eigenen Dauertrend tragen – sei es nun Schwarz von Kopf bis Fuß, oder das knöchellange Wallekleid in allen Stoffvariationen.

♥ Wasser-Männer erkennt man oft daran, dass sie von der Bekleidungsnorm der Geschlechtsgenossen um sie herum abweichen. Klamotten sind für sie eine Möglichkeit, ihre Individualität zu demonstrieren. Sie tragen, zum Beispiel, Jeans, und das auch und gerade bei Gelegenheiten, wo eigentlich Anzug und Krawatte üblich sind. Oder wenn sie denn Anzug tragen, dann dazu Turnschuhe. Und wenn es ein Smoking sein muss, dann auf keinen Fall mit Hemd, sondern mit T-Shirt. Das ist gar nicht mal eine bewusste Provokation. Sie gefallen sich einfach so. Übrigens gibt es auch bei Wassermann-Männern die Randgruppe der Mode-Trendlosen, die ewig die geliebten Breitcord-Latzhosen trägt, oder das olivebraune Hemd zu allem und jeglichem.

Ausgehen und Genießen

Wassermänner lieben es, Menschen um sich zu versammeln. Für sie ist der Inbegriff eines gelungenen Abends eine angeregt diskutierende Runde an ihrem Esstisch. Die Idee, sich mit Freunden in der Kneipe zu treffen, finden sie eher blöd. Unterhaltsam sind sie schließlich selbst. Wenn sie ausgehen, dann sehr gern zum Essen.

♥ Locations, in denen sich der Wassermann wohl fühlt: sein Lieblingsrestaurant; ein gemütliches Café; die schräge Uralt-Bar mit den roten Plüschhockern, in der sich nachts um drei alte Schwulen- und Lesbenpärchen treffen.

♥ Anti-Locations: Szene-Kneipen, die schlechtes Essen für überzogene Preise servieren.

♥ Essen gehen gehört für Wassermänner zur Lebensqualität. Kaum ein anderes Zeichen beredet Dinge beruflich oder privat so gern beim Essen. Vielleicht, weil Wassermänner davon ausgehen, dass jeder sich bei einem guten Menü so entspannen kann wie sie. Eine unangenehme Atmospäre oder die Erkenntnis, dass ihnen die südkantonesische Küche überhaupt nicht schmeckt, können ihnen leicht die Laune verderben. So neugierig dieses Zeichen sonst ist – in Sachen Restaurantwahl neigt es wenig zur Experimentierfreude.

♥ Trinken: am besten Wein oder Bier. Sie mögen fröhliche Abende in aufgedrehter Runde und sind nicht die, die ab elf nur noch Wasser ordern.

♥ Partys bieten ein Parkett, auf dem Wassermänner sich mit größter Selbstverständlichkeit bewegen. Sie sind beliebte Gäste. Noch lieber ist ihnen allerdings, selbst zu sich einzuladen. Ein Anlass findet sich immer – und sei es, weil wieder mal Samstag ist.

Zu Hause sein

„My home is my castle" ist keine Wassermann-Devise. Heruntergelassene Fallgitter machen dieses Zeichen krank. Das Zuhause muss Luft zum Atmen und Platz zum Leben lassen. Ein einziger großer Raum ist ihnen lieber als zweieinhalb Zimmer gleicher Fläche. Noch wichtiger: eine Wohnung offen fürs Leben – und damit für Gäste. Wenn es beim Zusammenziehen mit dem Partner nicht anders geht, verzichten Wassermänner lieber auf die eigene Arbeitsecke als auf einen Essplatz, an dem mehrere Leuten bequem sitzen können.

♥ Die Atmosphäre einer Wassermann-Wohnung ist zwanglos. Manches befindet sich in einer Art kreativem Übergangsstadium, wirkt und ist improvisiert. Viele Wassermänner folgen ihrem Beruf und ziehen häufig um. Doch auch die Sesshaften lieben die Lässigkeit des noch nicht ganz Fertigen. Andere beschäftigen einen Innenarchitekten, um das so hinzukriegen.

♥ Das Ambiente lebt von Stilmix. Oft spielen Bilder eine große Rolle. Da kann auch mal der röhrende Hirsch neben dem Künstler-Original hängen, und daneben ein schön gerahmtes Foto – das verträgt sich, weil die Klammer ein gemeinsames Thema ist.

Wegfahren

Die Anregung durch das Fremde, Unbekannte, gibt Wassermännern das Gefühl, lebendig zu sein. Nur sind sie manchmal im Beruf pausenlos damit beschäftigt, sich ihre eigenen neuen Welten zu erobern. Daher reicht ihnen eine Woche Abhängen mit Insel, Sonne und Meer. Doch im Grunde ihres Herzens sind alle Wassermänner ausgesprochene Reisefreaks. On the road zu sein hat für sie eine geradezu mystische Bedeutung. Vielleicht machen sie darum so gern Urlaub in Gegenden, die geprägt sind von endloser Weite, von bizarren Gesteinsformationen – und von Pionier-Geschichten: Im Südwesten der USA, in Australien oder Neuseeland.

Traumwelten

Es gibt zwei Traumwelten, die Wassermänner besonders anziehen. Die erste ist das Theater. Auf der Bühne in eine Person zu schlüpfen, Gefühle und Leidenschaften nachzuempfinden, oder als Regisseur Gefühlsmomente zu inszenieren, ist die wassermännische Art, Emotionen zuzulassen. Oft nähern sie sich ihrem Traum zumindest auf einer Laienbühne oder als Statist an einem „richtigen" Theater. Die zweite Wassermann-Traumwelt ist: das Fliegen. Im Ballon, im Segelflugzeug – kurz, wo sich Gelegenheit bietet, die Lüfte im Alleingang zu erobern. Am Anfang so mancher Pionierleistung der Luftfahrt stand ein Wassermann-Traum – Charles Lindbergh war ein Wassermann.

Laster

Wo viel Energie ist, gibt es auch immer etwas Schatten. Ein Wassermann, der es nicht schafft, für seinen Tatendurst ein sinnvolles Ventil in Form einer „Berufung", eines Freizeitprojektes zu finden, neigt in irgendeinem anderen Bereich zur Überaktivität – sei es, dass er wie entfesselt einkauft, sich allabendlich in ausschweifende Vergnügungen stürzt oder aus Langeweile nur noch vor der Glotze oder am Computer hängt.

Accessoires,
unentbehrliche

Telefone! Am liebsten solche mit den neusten techni-
schen Spielereien. Wenn ein Mensch Verwendung für
ein Handy mit integrierter Faxfunktion und Internet-
Modul findet, dann ist es ein Wassermann!

Blumen

Nehmen auch Wassermann-Männer gern und freuen
sich über die Aufmerksamkeit. Sie würden nie über
den Geschmack des Überbringers lästern. Obwohl sie
persönlich schlichte, aber ungewöhnliche Kombinatio-
nen zum Beispiel von Schilf, Binsen und einer einzel-
nen schrillen Exotenblüte bevorzugen.

Cityverbindungen

Städte, die in der Wassermann-Energie schwingen:
Hamburg, cool-geschäftiger Medienplatz; Lissabon,
Intellektuellentreff mit Weltenentdecker-Tradition;
Sydney, Ideenbörse am Rande einer lockenden Weite.
Historisch: Jerusalem.

Drinks

Eigentlich bleiben Wassermänner lieber beim trocke-
nen Weißwein. Aber wenn schon Cocktail, dann mit
Show-Effekt. So einer, auf dem der Barkeeper 'ne Wun-
derkerze ansteckt, bevor er ihn serviert.

Edelsteine

Ein hellblauer Fluorit bringt die Wassermann-Energie
in höchste geistige Schwingungen. Das kristallene Blau
des Aquamarins verleiht Weitsicht. Ein Türkis streichelt
die Wassermann-Seele. Tigerauge und Citrin erwärmen
sein Herz mit der Energie des Antipoden Löwe.

Fernsehen

nutzen Wassermänner zur Zerstreuung. Es interessiert
sie nicht wirklich, was in der Kiste läuft. Sie schalten oft
nebenbei ein, zum Beispiel beim Essen, zappen durch
die Programme, und bleiben bei einer amerikanischen
Serie oder einer Talkshow hängen. Wenn sie überhaupt
gezielt gucken, dann ab und zu einen Spielfilm. Je später allerdings der Abend, desto wahrscheinlicher, dass
sie weit vor dem Ende einschlafen.

72

Wassermänner sind meist total gestresst. Darüber kla-
gen sie auch immer wieder. Aber wenn sie denn mal
keinen Stress haben, fangen sie sich jeden Grippevirus
ein oder entdecken, dass sie sich matt fühlen. Dieses
Zeichen missachtet seine Gesundheit sträflich. Muckt
der Körper dagegen auf mit Abwehrschwäche, Aller-
gien, Kopf- und Rückenschmerzen oder Schlaflosigkeit,
reagieren Wassermänner dramatisch, konsultieren
Fachärzte im Dutzend.

Gesundheit

Im Prinzip mögen Wassermänner Hunde sehr gern, besonders die dickköpfigen. In der Praxis sind sie aber
häufig allergisch gegen Vierbeiner. Außerdem schränkt
ein Haustier ihre Unabhängigkeit ein. Sie sind darum
typische Hunde-Co-User bei Bekannten und Freunden.

Haustiere

Die Sonne auf die einsame Felspiste, doch am Horizont zieht ein Unwetter auf. Der Jeep steckt in einem
ausgetrockneten Wasserlauf fest. Das nächste Telefon
befindet sich in einer Ranger-Station, 70 Meilen west-
lich. Das vermittelt Wassermännern das Gefühl von tie-
fem Einklang mit dem Leben.

Idyll

Wassermänner lieben schwarzen Humor. Sie lieben es
auch, Leute auf den Arm zu nehmen, und sind nicht gerade zimperlich, wenn sie mit todernstem Gesicht die
abartigsten Geschichten erfinden.

Jux

Wassermänner mögen Filme, weil sie optisch ausge-
richtete Menschen sind. Mit Programmkino-Streifen
Marke „Der Regisseur verarbeitet mit der Video-Kame-
ra seine Zeit als Junkie" kann man sie darum jagen. Ein
guter Film ist für sie ein Film, der eine intelligente Geschichte erzählt, perfekt gemacht ist – und große Bilder
bietet. *Vom Winde verweht* zählt genauso zu ihren Favori-
ten wie *Jenseits von Afrika*, *The Purple Rose of Cairo* oder E.T.

Kino

Lesen   Die meisten Wassermänner lesen nicht besonders gern. Schon gar keine ganzen Bücher. Wenn ein Wassermann als Nachtlektüre den neuesten Asterix mit ins Bett nimmt, sollte man nicht an seinem Verstand zweifeln. Sondern ihm auch die restlichen Bände schenken.

Musik   Was Wassermänner gerne hören, hängt von ihrer Stimmung ab. Sind sie gestresst, hören sie am liebsten gar nichts. Ansonsten findet sich bei ihnen im CD-Regal der wildeste Stilmix – Helge Schneiders „Katzenklo" meets Sinnead O'Connor meets Maria Callas meets …

New Age   Wenn Aquarius die Welt regiert, herrschen Frieden und Harmonie unter den Menschen, bejubelten die Hippie-Propheten das „Neue Zeitalter" des Wassermanns. Nicht nur, dass die Wassermann-Energie bisher wenig harmonisierend auf die Menschheit wirkte – die meisten real existierenden Wassermänner sind esoterischen Ideen gegenüber abgeneigt.

Outdoor   Wassermänner sind gern draußen und lassen sich einen Hauch von Abenteuer um die Nase wehen. Weite und Wildnis faszinieren sie. Allerdings sind sie nicht wirklich die verwegenen Camel-Typen, die nachts im Schlafsack auf dem Boden pennen.

Prosa   Wenn ein Wassermann Schreiben nicht gerade zu seinen Beruf gemacht hat, schreibt er eher gar nicht. Wenn überhaupt, dann per Mailbox im Internet. Aber eigentlich kommen Wassermänner lieber selbst vorbei.

Rezepte, Lieblings-   Besonders männliche Wassermänner kochen gern – und oft gut. Sie lieben einfache, aber genial kombinierte Gerichte. Tomaten, Mozarella und Basilikum zusammenzubringen, oder Spaghetti nur mit Olivenöl, Knoblauch und Parmesan abzurunden, ist für sie die Inkarnation von „lean cuisine".

Strategie- und Taktikspiele, Schach zum Beispiel, findet ein Wassermann eher ätzend. Doch Monopoly liebt er über alle Maßen. Er gewinnt dabei auch immer. Denn er mogelt. Sowieso und grundsätzlich. Wenn er nicht mogeln kann, spielt er gar nicht erst.

Spiele

Ob neongelbe Plastiktulpe, Bärenkerzenhalter oder eine von diesen Lampen, in denen schrillfarbene Blasen aufsteigen – Wassermänner finden für jede Schrecklichkeit einen Platz, an dem sie wie der Gag eines Edel-Designers wirkt.

Tand und Tinnef

Erwartet er nicht, und kann man auch von ihm nicht erwarten. Solche „Förmlichkeiten" findet er nur nervig.

Urlaubsmitbringsel

Die meisten Vertreter dieses Zeichens betrachten einen eigenen fahrbaren Untersatz als absolutes Muss. Besonders die männlichen sind häufig große Autonarren. Obwohl – oder vielleicht gerade weil – Wassermänner „die Lüfte" faszinieren, hassen sie das Fliegen in vollgepfropften Jets.

Verkehrsmittel

Wasser-Männer verleihen ihrer Individualität gern mit Duftmarken Ausdruck, haben oft sogar ein ganze Parfüm-Kollektion im Bad. Weibliche Wassermänner bevorzugen exklusive Düfte – ein Designer-Parfüm, das man in Deutschland nicht kriegt, zum Beispiel. Ätherische Öle für dieses Zeichen: Bergamotte, Pinie und Rosmarin bringen die Energie auf Touren, Sandelholz und Vetiver gleichen Hektik aus, Zypresse und Kamille sind Weichspüler für die Wassermann-Seele.

Wohlgerüche

Sind Wassermänner nicht gerade beruflich mit den Medien verbandelt, stehen sie tagesaktuellen Ereignissen oft gleichgültig gegenüber. Wenn sie überhaupt regelmäßig Zeitung lesen, dann eher Boulevard und Regenbogen als *Süddeutsche* und FAZ.

Zeitschriften und Zeitungen

ISBN 3 8068 1911 4

©1998/2001 by FALKEN Verlag, 65527 Niedernhausen/Ts.

Umschlaggestaltung und Layout: Rincon², Design & Produktion
GmbH, Köln
Titelbild: Rincon², Design & Produktion GmbH, Köln/Mark Klinnert
Zeichnungen: Rincon², Design & Produktion GmbH, Köln/
Mark Klinnert
Redaktion: Thomas Wieke, Markus Hederer
Herstellung: Sabine Vogt

Satz: FALKEN Verlag, Niedernhausen/Ts.
Druck: Ernst Uhl, Radolfzell

817 2635 4453